Bibliografische Information der Deutschen Nationalbibliothek:

Die Deutsche Bibliothek verzeichnet diese Publikation in der Deutschen National-
bibliografie; detaillierte bibliografische Daten sind im Internet über http://dnb.d-
nb.de/ abrufbar.

Impressum:

Copyright © 2018 GRIN Verlag
Druck und Bindung: Books on Demand GmbH, Norderstedt Germany
ISBN: 9783668858596

Dieses Buch bei GRIN:

https://www.grin.com/document/452249

Joan Rose

Sprachförderung im Elementarbereich. Entwicklung eines pädagogischen Angebots zur ganzheitlichen Sprachförderung

GRIN Verlag

Sprachförderung im Elementarbereich

15
Februar
2018

von Joan Rose

Prüfungsersatzleistung im Lernfeld 4

Inhalt

1. Einleitung

1.1 Themenbegründung

In dem folgenden Text beschreibe ich vorerst verschiedene Praxiserfahrungen, die ich in Bezug auf den Umgang mit und durch Sprache, während meiner Ausbildung zur staatlich anerkannten Erzieherin sammeln durfte. Aus diesem Grund hat sich mein Interesse für das Thema Sprachförderung entwickelt.

Das erste Praktikum in dieser Ausbildung absolvierte ich in einer evangelischen Integrationskindertagesstätte, die im sozial schwachen Raum von Potsdam am Schlaatz liegt. Die Betreuung der Integrationskinder und vor allem die Unterstützung und Förderung von einem vierjährigen blinden Jungen, hat mich besonders bewegt. Zu sehen, dass dieser kleine Junge nicht individuell gefördert wird, hat meine Hilfsbereitschaft und mein Interesse zur Förderung von blinden Menschen geweckt, so dass ich mich schon am zweiten Tag mit Leon[1] beschäftigte und ihn in seinen Tagesabläufen aktiv begleitet und unterstützt habe.

Dies regte mich an, meine erste Facharbeit über die Förderung blinder Kindern in den ersten Lebensjahren zu schreiben. Durch die Recherchen zu diesem Thema und meinen gesammelten praktischen Erfahrungen, wurde mir erst richtig bewusst, wie wichtig der richtige Umgang mit unserer Sprache ist.

Ich sammelte Anregungen und Fördermöglichkeiten für Begegnungen mit blinden Kindern in den ersten Lebensjahren. Dabei beschrieb ich, wie bedeutend ein intensiver Körperkontakt und die Rufnähe, die verbale Vorankündigung von Handlungen, eine kommentierte Handführung von hinten, die korrekte Benennungen von Gegenständen und Handlungen und die sprachliche Begleitung aller Tätigkeiten sind. Dabei stellte ich fest, wie essentiell die Sprache im Umgang, insbesondere mit blinden Kindern ist.

Das Zitat von Fred R. Barnard "Ein Blick sagt mehr als tausend Worte" weist darauf hin, wie viele Worte man benötigt, um etwas bildlich zu beschreiben. So wird dem Kind durch Erzählungen die Welt vergrößert, die durch eine intensive Eins-zu-Eins Betreuung und der Frühförderung unterstützt und gefördert werden sollte. Betrachte ich die Möglichkeiten der Förderung hinsichtlich der Sprache eines gesunden Kindes im Krippenalltag, zeigt sich mir eine Vielfalt von Angeboten, die dem Kind ganzheitliches Lernen und sich zu entwickeln aufzeigt. Darauf gehe ich später noch näher ein.

Ich betreute in diesem Praktikum eine altersgemischte Gruppe und lernte dabei Sebastian[2], 6 Jahre alt, kennen. Er hatte eine diagnostizierte Sprachentwicklungsstörung (Sprachverständnis, aktive

---

[1] Name geändert
[2] Name geändert

Sprache, Kommunikation). Er sprach in kurzen, einfachen Sätzen bzw. Wortgruppen, gab unverständliche Lautäußerungen von sich und vertauschte die Konsonanten.

Die Sprache wirkte verwaschen und war schwer verständlich. Sein Wortschatz war einfach und umfasste lediglich seinen unmittelbaren Erlebnisbereich. Aus diesem Grund ging ich davon aus, dass er auch in anderen kognitiven Bereichen nicht so weit entwickelt war. In der Aussprache hatte Sebastian Probleme beim Aneignen und beim Gebrauch der Sprachlaute Schwierigkeiten. Er sprach zum Beispiel von "Tinder" statt "Kinder" oder "Sule" statt "Schuhe". In der Grammatik hatte er Schwierigkeiten, die Sprache nach den Regeln der Wort- und Satzbildung richtig zu gebrauchen. Er ließ Wörter oder Satzteile aus, wie z.B. „ich gehe Rewe". Auch eine falsche Stellung der Wörter im Satz ist mir aufgefallen z.B. „Die Nele bald in Kita kommt?" Fehler bei Konjugation und Deklination waren vorhanden z.B. "Ich sitze auf die Stuhl.", "Ich esse ein Birne." S. hatte keinen altersgemäßen Wortschatz. Ihm fiel es schwer kurze Geschichten anhand von Bildern nach zu erzählen.

Oft wurde er von den Kindern und Erziehern nicht verstanden. Dann blockierte er, wurde aggressiv oder zog sich zurück. Er fand schwer wieder zurück in den Gruppenalltag. Ich hatte nie zuvor eine Begegnung mit einer Person, die eine Sprachstörung aufwies. Sebastian war damals aus diesen Gründen mein Beobachtungskind. Immer wieder stellte ich mir die Frage, ob er unter anderen Umständen und Einflüssen denselben Entwicklungsstand gehabt hätte, wie zu dieser Zeit? Wie das passieren konnte und was für Perspektiven er im Leben haben wird, interessierte mich.

Der Spracherwerb des Kindes und deren Entwicklung beinhalten zahlreiche interessante Themen und Aspekte, die in dieser Arbeit berücksichtigt und genauer betrachtet werden sollen. Auf die unterschiedlichen Störungsarten jedoch gehe ich in dieser Facharbeit nicht weiter ein.

"Die Grenzen meiner Sprache(n) sind die Grenzen meiner Welt."

(Ludwig Wittgenstein)

Jedes Kind entwickelt sich anders und hat andere Möglichkeiten, Bedürfnisse und Grenzen. Diese bedürfen einer besonderen pädagogischen Sorgfalt um den Kindern einen guten Start in ihr weiteres Leben zu ermöglichen, sie zu fördern und zu begleiten und einen praxisorientierten Transfer in den Alltag und die Lebenswelt zu gewährleisten.

Es wird schnell deutlich, welch hohen Stellenwert die frühe Sprachförderung im Kindergarten einnimmt. Das gilt besonders für Kinder, die benachteiligt sind, wenn es um eine altersgerechte Sprachentwicklung geht, also solche, die aus sozial schwachen oder bildungsfernen Schichten stammen, die eine Behinderung oder einen Migrationshintergrund haben.

Die Beherrschung der deutschen Sprache, die Fähigkeit zur Kommunikation und Interaktion sind essentielle Kompetenzen die jeder Mensch braucht, der seinen Platz in der Gesellschaft finden will. Ein Kind, welches in der Lage ist sich richtig auszudrücken, sowie Lautbildung und Satzbau beherrscht, wird es leichter haben das Lesen und Schreiben zu lernen. Doch auch der sozial-emotionale Aspekt darf in diesem Zusammenhang nicht vernachlässigt werden. Wir brauchen die Sprache, um mit anderen zu kommunizieren, Wünsche und Bedürfnisse auszudrücken und um am gesellschaftlichen Leben teilzunehmen. Alle Maßnahmen, die eine Gesellschaft zur Sprachförderung von Kindern und natürlich auch Erwachsenen anbietet und durchführt, dienen also letztendlich der Integration, der sozialen Gerechtigkeit und der Chancengleichheit und haben dementsprechend auch eine wirtschaftliche Bedeutung. Denn nur derjenige, der die Landessprache in Wort und Schrift beherrscht und sich im Alltag daher gut zurecht findet, wird eine qualifizierte Ausbildung absolvieren können und hat Chancen auf einen Job, der soziale Absicherung bietet.

1.2 Fragestellung

Wie kann ich als Erzieher die Sprachentwicklung von Kindern im Alter von 3 – 4 Jahren durch ein pädagogisches Angebot fördern?

Ich werde mich in der folgenden Facharbeit mit dieser Fragestellung beschäftigen und aufgrund meiner eigenen Praxiserfahrung sowie nach genauer Auswertung der gesammelten Ergebnisse versuchen, diese Fragestellung beantworten zu können.

1.3 Vorgehensweise und Methoden

Bei der Erstellung meiner Facharbeit werde ich folgendermaßen vorgehen: Zunächst werde ich wichtige Begriffe und Teilaspekte meines Themas definieren und ihre Bedeutung herausstellen. Ich möchte deutlich machen, wie Erzieher*Innen die Kinder im Alltag bei ihrer Sprachentwicklung und damit der Persönlichkeitsentwicklung unterstützen können. Zunächst werde ich die theoretischen Grundlagen der Spracherwerbsförderung im Elementarbereich zusammenfassend darstellen. Hierbei zu klärende Fragen sind: Welche Rahmenbedingen und Voraussetzungen müssen gegeben sein, damit sich Sprache entwickeln kann und welche Rolle spielt dabei das pädagogische Fachpersonal?

Daraufhin gehe ich zu der Sprachentwicklung über und erkläre den Sprachbaum, als Bild für die Sprachentwicklung des Kindes nach Wolfgang Wendlandt. Im nächsten Schritt gehe ich auf die Bedeutung des ganzheitlichen Lernens im Rahmen eines pädagogischen Angebotes ein. Wie und wo alltagsintegrierten Sprachförderung im Elementarbereich eingesetzt wird und welche Ziele sie verfolgt, werde ich näher beschreiben. Die praktische Umsetzung fundiert auf den Grundlagen einer fiktiven Bedingungsanalyse, einer ebenfalls fiktiven Praxisstelle sowie einer Situationsanalyse aufgrund von Beobachtungen und Erfahrungen, die ich während eines Praktikums mit den zu betreuenden Kindern gemacht habe.

2.   Theoretische Grundlagen

2.1   Grundlagen Sprachförderung

Sprache ist ein komplex aufgebautes System, das Laute und Schriftzeichen verbindet, Wörter bildet, die sich zu größeren Einheiten, Sätzen, formieren. Durch die Aneinanderreihung vieler Sätze entstehen schließlich Texte. Sprache ist ein sich stets weiterentwickelndes, komplexes System von Lauten und Zeichen zum Zwecke der Kommunikation. Jedem Zeichen des Systems wird eine Bedeutung zugeordnet.[3]

Unter *Sprachförderung* werden alle Methoden zusammengefasst die zum Ziel haben, Kinder und auch Jugendliche in ihrer Sprachentwicklung zu fördern. Die zu fördernden Kinder sollen befähigt werden, im Hinblick auf ihre Sprachentwicklung altersgerechte Kompetenzen zu entwickeln, um spätestens im Erwachsenenalter ihre Muttersprache bzw. die jeweilige Landessprache fließend in Wort und Schrift zu beherrschen, inklusive der korrekten Lautbildung und Grammatik.[4]

2.1.1   Voraussetzungen für die Sprachentwicklung

Als Voraussetzungen für eine gelungene Entwicklung der Sprache gibt es sogenannte Rahmenbedingungen. In Abhängigkeit von den Entwicklungsprozessen und den Erfahrungen, die Kinder durch ihre Umwelt sammeln, entwickelt sich die Sprache.

Die wichtigsten Rahmenbedingungen sind das Hörvermögen, organische Voraussetzungen, die Wahrnehmung, das Sprachverständnis, die Sprechfreude, die Spielsachen, die Umweltbedingungen sowie die sprachlichen Vorbilder.

Ein intaktes Hörvermögen ist für die Sprachentwicklung eine wichtige Bedingung. Mit Hilfe des Hörens erhält ein Säugling den ersten Kontakt zur Sprache, da seine Bezugspersonen mit ihm reden und er bei gesundem Hörvermögen diese Laute vernimmt. Nur wenn er diese Laute richtig gehört hat, kann es ihm gelingen die Laute nachzuahmen. Wenn ein Kind nicht auf seine Umgebungsgeräusche reagiert, kann es keine Hörerfahrungen sammeln, die wichtig für die Sprachentwicklung sind.

Das Sprechen ist ein komplexer Vorgang. Hierbei sollte der Kehlkopf, der Nasen- und Rachenraum, die Mundhöhle, das Gaumensegel, die Zunge, die Lippen, die Zähne und der Kiefer motorisch genau zusammenarbeiten, damit beispielsweise die ausgeatmete Luft in den Grundton

---

[3] Wilhelm von Humboldt: *Über die Natur der Sprache im allgemeinen.* Aus: *Latium und Hellas.* In: *Schriften zur Sprache.* Hrsg. von Michael Böhler. Ergänzte Ausgabe Stuttgart 1995, S. 7 f.

[4] Vgl. T.K. (2007). *Wikipedia.* (Kohlhammer, Herausgeber) Abgerufen am 9.Februar 2018 von
https://de.wikipedia.org/wiki/Sprachf%C3%B6rderung 09.02.2018 22:56

umgesetzt werden kann und dieser zu verschiedenen Klängen verarbeitet wird und die Laute exakt gebildet werden können.

Die Wahrnehmung wird in die visuelle und auditive Wahrnehmung und in die taktile und kinästhetische Wahrnehmung unterschieden. Bei der visuellen Wahrnehmung werden über das Auge Eindrücke beziehungsweise Informationen aufgenommen und verarbeitet. So kann das Kind durch seine visuelle Wahrnehmung die Sprechbewegung erfassen, sowie Mimik und Gestik seines Sprachvorbildes wahrnehmen und seine eigene Artikulation anpassen und wiedergeben. Durch die auditive Wahrnehmung kann das Kind akustische Reize aufnehmen und in Sprache, Klänge und Geräusche verarbeiten. Das Kind lernt so seine Umgebung kennen und kann diese dann auch schnell von beispielsweise anderen Wohnungen oder Menschen unterscheiden. Bei der taktilen und kinästhetischen Wahrnehmung lernt das Kind, ob ihm eine Berührung angenehm ist, ob etwas kalt oder warm ist und ob ein Gegenstand hart oder weich ist. Um die Beschaffenheit von einem Gegenstand zu erfahren, steckt sich ein kleines Kind alles in den Mund. Durch diese Berührungen und Bewegungsempfindungen schult das Kind alle seine Sprechwerkzeuge wie Zunge, Lippen und Kiefer und fördert so die Entwicklung der eigenen Wahrnehmung als Voraussetzung des Spracherwerbs.

Durch die soziale und kulturelle Umwelt lernt das Kind die Bedeutung von Sprache kennen. Mit der Zeit erfährt es, dass bestimmte Wörter für Handlungen, Gegenstände oder Ähnliches stehen. Es entwickelt beispielsweise durch das Wahrnehmen verschiedener Reize eines Gegenstandes mehrfach, wenn es mit ihm agiert. So kann das Wort später auch in Abwesenheit des Gegenstandes mit ihm in Verbindung gebracht werden.

Eine sprachanregende Umgebung spielt ebenfalls eine entscheidende Rolle. Nach den pädagogischen Ansätzen von Maria Montessori sollten die Räume für Kinder anregend gestaltet sein und zur Selbstständigkeit einladen. Materialien und Bücher sowie Medien sollten für die Kinder gut sichtbar und gut erreichbar platziert werden, die Raumgestaltung sollte nach den theoretischen Ansätzen der Montessori also einen sogenannten Aufforderungscharakter haben.[5]

Es sollte einen guten Kontakt zu seiner Bezugsperson und somit eine stabile Beziehung zu ihr haben, damit es sich angeregt fühlt und um sich mit seiner Umwelt auseinander zu setzen. Die Bezugspersonen werden dann zum sprachlichen Vorbild, die das Kind versucht nachzuahmen. Deshalb sollten möglichst alle Handlungen verbal begleitet werden und jegliche Handlung als einen Anlass und eine Möglichkeit zur Sprachförderung gesehen werden. Das Kind kann anfangs zwar noch nicht die Bedeutung dieser Worte verstehen, aber durch die Stimmlage und den Tonfall erfährt es ein Gefühl der Zuwendung und Akzeptanz.

---

[5] Vgl..: Bildungshaus Schulbuchverlage: „Kein Kinderkram!: Band 1", Westermann Verlag Braunschweig 2013, Auflage 3, S.353 ff.

Wenn sich ein Kind im Spiel befindet, sollte es dabei nicht aus nichtigen Gründen unterbrochen oder gestört werden, damit es seine Konzentration beibehält. Im Spielen setzt sich das Kind mit seiner Umgebung aktiv auseinander und bringt bereits bestehendes Wissen ein. Es ahmt Situationen nach und kann vorhandene Sprechmuster wiedergeben und Zusammenhänge entdecken und abspeichern.[6]

Betrachten wir den Entwicklungsstand von Sebastian sowie die sichtbare Beziehung zu seinen Eltern und Geschwister, könnte man davon ausgehen, dass er und sein etwas älterer Bruder und seine jüngere Schwester, nicht ausreichend von ihren Eltern sprachlich begleitet und gefördert wurden. Ich beobachtete in der Integrationskindertagesstätte, die in einem sozial schwachen Bezirk liegt, wie die Eltern beim Bringen und Abholen der Kinder mit den Erziehern und ihren Kindern kommunizierten. Auch den Umgang den die Eltern mit den Kindern pflegten, empfand ich persönlich als nicht förderlich und sogar teils geringschätzig. Sie sprachen mit ihren Kindern sehr umgangssprachlich und nicht kontrolliert. Alle 3 Kinder wiesen eine ähnliche Sprachentwicklungsverzögerung auf.

Deshalb sind im Kindergarten gezielte Aktivitäten zur Erweiterung des Wortschatzes, zur Förderung des Begriffsverständnisses, zur Ausdifferenzierung von Bezeichnungen und zum Erlernen komplexer grammatikalischer Strukturen notwendig um die Entwicklung der Sprache für jedes Kind zu gewährleisten.

---

[6] Vgl.: Richter, E.: So lernen Kinder sprechen, Reinhardt Verlag München 2001 Auflage 4, S. 15 ff.

2.1.2 Der Sprachbaum als Bild für die Sprachentwicklung des Kindes nach Wolfgang Wendlandt

Der auf der Abbildung zu sehende Sprachbaum wird von Wolfgang Wendlandt als Gleichnis für die Sprachentwicklung eines Kindes verstanden. Er bettet den Vorgang, wie Kinder sprechen lernen, in eine positive Gesamtentwicklung ein. Die wie folgt beschrieben wird:

Die *Wurzeln* des Baumes wachsen in der sozialen Umgebung, also der Kultur, der Lebenswelt und der Gesellschaft. Sie symbolisieren nötige Voraussetzungen für eine gute Sprachentwicklung. Durch Schreien und Lallen entwickelt sich die Wahrnehmung und Motorik des Sprechapparates. Alle Sinnesleistungen wie, Sehen, Hören, Tasten sind nötig, um die kommunikativen Fähigkeiten zu entfalten und Grob- und Feinmotorik zu koordinieren. Die geistige Entwicklung und Hirnreifung sind ebenfalls Voraussetzungen dafür. Die sozial-

---

[7] Abb. Wendlandt, Wolfgang, „Sprachstörungen im Kindesalter", Herausgeber: Luise Springer, Dietlinde Schrey-Dern, Verlag: Georg Thieme Verlag,5. Vollständig überarbeitet Auflage

emotionale Entwicklung schafft die Basis für ein Vertrauen auf die eigenen Fähigkeiten und auf andere Menschen und fördert so auch die Sprache. Diese Wurzeln bedürfen einer sensomotorischen Integration, also der Verknüpfung von Wahrnehmung und Handeln. Fehlen eine oder mehrere Wurzeln, so ist die Sprachentwicklung vor Hürden gestellt. Diese Hürden können durch ein förderndes Verhalten, wie sie mit der Gießkanne dargestellt wird, verringert oder überwunden werden, je nach Ausprägung des Defizites.

Im *Stamm* des Baumes wird die Sprechfreude als weitere Voraussetzung für die Entwicklung der in den Wurzeln liegenden Grundlagen angegeben. Auch sie ist eine wichtige Kompensationsmöglichkeit, die durch sprachförderndes Verhalten angeregt wird.

Um aber endlich Sprache zu entwickeln, braucht es nicht nur die motorischen und sensorischen Voraussetzungen und Sprachfreude, sondern auch Sprachverständnis. Ohne Sprachverständnis kommt es auch zu keiner Sprachproduktion.

Die *Krone* des Baumes gliedert sich in die Bereiche Artikulation, Wortschatz und Grammatik. Neuere Auflagen von Sprachstörungen im Kindesalter ergänzen die Krone des Baumes außerdem durch die Bereiche Kommunikation und Schriftsprache.

Im Ast "*Artikulation*" ist die Entwicklung der Aussprache dargestellt. Zunächst erlernt das Kind einfache, vordere Laute, später schwierigere Einzellaute und Lautverbindungen.

Der Ast "*Wortschatz*" beginnt mit einfachen Silbenverdopplungen ('mamamam'), führt weiter zu einfachen Worten ('Mama', 'Milch') und den weiteren Wortarten (Verben, Personalpronomen etc.) und Sätzen.[8]

Mit dem Ast "*Grammatik*" entwickeln sich Stück für Stück die Regeln der Sprache: Von Einwort- über Zweiwortsätzen bis zur Verwendung von Nebensätzen und der Verbstellung.

Im Ast "*Kommunikation*" (hier im Bild nicht dargestellt) wird die Entwicklung kommunikativer Regeln und Fähigkeiten wie das Stellen von Fragen, Dialogführung, das Bitten oder Erzählen beschrieben.

Über diesen vier Ästen wird in der Krone des Baumes auch der Erwerb von Schriftsprachlichkeit, also Lesen und Schreiben angeführt (hier nicht dargestellt).

Ein gutes Wachstum ist nur dann möglich, wenn das Kind ausreichend Sonne in Form von Wärme, Liebe und Akzeptanz bekommt und die wichtige Kommunikation in Form von Flüssigkeit und Nährstoffen erhält.[9]

---

[8] Vgl. Wendlandt, W. (2016). *Sprachstörungen im Kindesalter Forum Logopädie* (7 Ausg.). (D. S. Lauer, Hrsg.) Thieme
[9]   Quelle   :   www.schule-der-vielfalt.at/wp-content/uploads/2016/10/Kindlicher-Spracherwerb.pdf/wp-content/uploads/2016/10/Kindlicher-Spracherwerb.pdf Prof. Dr. Wolfgang Wendlandt ist Diplom-Psychologe und Hochschullehrer in Berlin

2.1.4 Das Konzept des ganzheitlichen Lernens oder „Hundert Sprachen hat das Kind"

Der italienische Pädagoge Losir Malaguzzi erkannte: „Hundert Sprachen hat das Kind." Er schenkte den kreativen Ausdrucksformen der Kinder besondere Aufmerksamkeit. Kinder drücken sich vielfältig aus, durch Bewegung, Sprache, Singen, im künstlerischen Bereich beim Bauen und Konstruieren und im Spiel beispielsweise. Sie haben sozusagen Hundert Möglichkeiten sich auszudrücken und die Aufgabe der Erzieher*Innen ist es, alle Ausdrucksformen des Kindes zu sehen, zu würdigen, feinfühlig zu entschlüsseln und achtsam zu begleiten. Im Konzept des ganzheitlichen Lernens, welches in den Bildungsplänen im Elementarbereich angewandt wird, geht es darum, dass Sprache in all ihren Facetten im Alltag von Kindern systematisch wahrgenommen, gefördert und verstanden werden und nicht als isolierte Trainingseinheit betrachtet wird. Um sprachliche Bildungsprozesse anzuregen sollte bei allen sprachfördernden Maßnahmen im alltäglichen Zusammensein seitens der Erzieher auf die Individualität des Kindes, auf Anschaulichkeit, Sprachbegleitung und die Beteiligung mehrerer Sinne geachtet werden.[10] Spielend lernt es sich wesentlich leichter, weil das Gefühl der Selbstsicherheit wächst und eigene Erfahrung ins Spiel mit eingebracht werden können, die weniger in den Worten selbst, als in einem körperlichem und in der Art und Weise des sprachlichen Ausdrucks geäußert werden kann.[11]

2.2 Grundlagen des pädagogischen Angebotes

2.2.1 Möglichkeiten der alltagsintegrierten Angebote zur Sprachentwicklungsförderung

Das kleine Kind orientiert sich bei der Sprachbildung zuerst über die nonverbale und optische Wahrnehmung, wie Mimik und Gestik, sowie über den Sprachrhythmus, den Tonfall und die Sprachmelodie. Alltagsintegrierte Sprachbildung bedeutet entsprechend den Alltag so zu gestalten, dass es viele Möglichkeiten gibt die Sprachentwicklung zu ermöglichen. Dazu gehört die Wortschatzerweiterung, die Betonung der Silben, der Satzbau mit der Stellung des Verbes, sowie Einzahl und Mehrzahl in die Alltagssprache einzubauen und darauf zu achten.

Als ich mein Praktikum im Krippenbereich absolviert habe, konnte ich gut die Arbeit der Pädagogen, mit den Kindern im Alter 0-3 Jahren, beobachten. Durch bestimmte Rituale und dem täglichen Umgang mit den Kindern, erhielt ich einen Einblick in die Sprachwelt, der von mir begleiteten Kinder.

---

[10] Vgl.: Jaszus, R.; Büchin-Wilhelm, I.; Mäder-Berg, M.; Gutmann, W.: Sozialpädagogische Lernfelder für Erzieher/innen;   Holland + Josenhans: Stuttgard, 1. Auflage 2008, S. 400 ff.

[11] Vgl.: C.Hoffmann: Theaterspielen mit Kindern und Jugendlichen, Juventa Verlag: Weinheim 1999, 4. Auflage 2008, S. 9 ff.

Während dieser Zeit konnte ich motorische und sprachliche Entwicklungen einzelner Kinder beobachten. Im Tagesablauf der Krippe und der Kita fanden sich daher bewusst gestaltete Situationen, die die Sprachbildung ermöglichten.

Bei den kleineren Kindern sollte die Sprachförderung ganzheitlich erfolgen. Das bedeutet, dass wir nicht nur mit dem Sprechen und mit dem Hören zu tun haben, sondern immer mit dem ganze Kind, mit allen seinen Sinnen, seinem Bewegungsdrang, seiner Neugier und seiner Liebe zu Rhythmus und Musik. Planvolle alltagsintegrierte Sprachförderung kann deshalb beim Singen, Turnen, Spielen, Basteln, Untersuchen, Erkunden und Experimentieren ebenso stattfinden wie beim Betrachten von Bilderbüchern oder beim Gespräch mit einem Kind oder innerhalb der Gruppe (z.B. *Morgenkreis*).

Die Sprachanregung im Kindergarten sollte für alle Kinder einen hohen Stellenwert haben. Kinder, die in einer spracharmen Familie aufwachsen, haben oft geringere Möglichkeiten, adäquate Sprech- und Sprachfähigkeiten zu entwickeln als diejenigen Kinder, die zahlreiche Anregungen aus ihrer Umgebung erhalten.

2.2.2 Entwicklung von einem pädagogischen Angebot zur ganzheitlichen Sprachförderung

Die Spanne pädagogischer Methoden ist äußerst vielfältig. In den folgenden Punkten werde ich auf unterschiedliche Formen des Spiels eingehen und Beispiele dazu aufführen. Dann folgt eine kurze persönliche abschließende Anmerkung von mir zur Mediennutzung durch Kinder.

Allgemein betrachtet ist das Spiel der Kinder eine selbstbestimmte Tätigkeit, in der sie ihre Lebenswirklichkeiten konstruieren und rekonstruieren. Sie behandeln die Wirklichkeit ihren Vorstellungen entsprechend, sie handeln und verhalten sich, als ob das Spiel die Wirklichkeit sei. Kinder konstruieren spielend soziale Beziehungen und schaffen sich die passenden Bedingungen. Sie verbinden immer einen Sinn mit dem Spiel und seinen Inhalten. Kinder gebrauchen ihre Phantasie, um die Welt im Spiel ihren eigenen Vorstellungen entsprechend umzugestalten. Für die Spielenden ist allein die Handlung, in der sie ihre Spielabsichten und Ziele verwirklichen, wesentlich und nicht ihr Ergebnis. Gerade darin liegen die bildenden Elemente der Spiels. Das Spiel ist in besonders ausgeprägter Weise ein selbstbestimmtes Lernen mit allen Sinnen, mit starker emotionaler Beteiligung, mit geistigem und körperlichem Krafteinsatz. Es ist ein ganzheitliches lernen, weil es die ganze Persönlichkeit fordert und fördert. Im Spiel lernen die Kinder freiwillig und mit Spaß, über Versuch und Irrtum, aber ohne Versagensängste. Im Spiel stellen sie sich ihre Fragen selbst und erfinden dazu die Antworten. Das entspricht zugleich dem Prinzip der Förderung von Bildung und Weltverständnis.

Die Kinder haben im Spiel die Möglichkeit, sich mit anderen Personen auseinander zu setzen, ihnen näher zu kommen, ihre Eigenheiten, Stärken und Schwächen zu entdecken und zu respektieren und damit zugleich sich selbst vertrauter zu werden. Sie gewinnen Selbstvertrauen. Die kindgemäße Möglichkeit, sich mit den Dingen der Umwelt zu beschäftigen, ist also das Spiel. Hierbei sind grundsätzlich die beiden verschiedenen Formen des freien und des angeleiteten Spiels zu unterscheiden.[12]

2.2.2.1 Freies Spiel

Im freien Spiel können die Kinder schon sehr früh eigenaktiv und ohne ein Eingreifen der Bezugspersonen ihre Umwelt entdecken und eigene Impulse umsetzen und mit viel Raum und Zeit ohne Erfolgsdruck erproben. Sobald der Säugling in der Lage ist, Dinge eigenständig mit den Händen zu begreifen, hat das freie Spiel explorativen Charakter. Die Kinder haben die Möglichkeit, die motorischen und sprachlichen Anforderungen selbst zu bestimmen und ihrem momentanen Entwicklungsstand anzupassen. Über oder Unterforderungen werden somit vermieden. Das Spiel bietet den Kindern die Gelegenheit, die verschiedenen Aspekte der Sprache zu erforschen, ohne dies direkt in der realen Situation umsetzen zu müssen. Über den Inhalt (Spielidee) bestimmen die Kinder selbst und passen diesen jederzeit den eigenen Bedürfnissen an. Die Spielidee ist hierbei der Anlass für die motorischen und sprachlichen Handlungen der Kinder. Folgende Beispiele für das freie Spiel der sind: „Experimentieren" der Kinder mit den Gegenständen ihrer Umwelt und dem eigenen Körper (Sortier- und Sammelspiele, Begreifen der Gegenstände/ des eigenen Körpers mit den Händen, Bau- und Konstruktionsspiele, etc.), Versteckspiele, Spiele vor und mit dem Spiegel (z.B. sich selbst im Spiegel betrachten), Phantasiespiele (Puppenspiel/Rollenspiel: die Kinder spielen die Welt der Erwachsenen im Puppenbereich nach, Vater-Mutter-Kind-Spiele, „So-tun-als-ob-Spiele": Kuchenbacken im Sandkasten) [13]

2.2.2.2 Angeleitetes Spiel

Neben den freien, spontanen Spielphasen sollte es auch begleitete Spielangebote geben, in denen die Bezugspersonen Spielanregungen schaffen. Nur wenn die Spielhandlungen der Kinder mit Worten begleitet werden, können diese ihr Tun mit Worten verbinden und entsprechend strukturieren. Bei den angeleiteten Spielangeboten ist darauf zu achten, dass man die Interessen der Kinder aufgreift und sie entwicklungsgemäß sind. So können sie ihre entwicklungsfördernde Wirkung entfalten und für die Kinder sinnvoll sein. Bekannte Beispiele für angeleitete Spielangebote sind: Guck-guck-da-Spiele, Kniereiterspiele, Fingerspiele, Kreisspiele,

---

[12] Vgl.: Dr. Tanya Byron: Unser Kleinkind Monat für Monat; Dorling Kindersley Verlag GmbH, München, 2009, S.50 ff.
[13] Ebd.

Singspiele/einfache Bewegungslieder, Spiele vor/mit Spiegeln, Spiele zur Wahrnehmung des eigenen Körpers, Spiele zur Förderung der verschiedenen Wahrnehmungsbereiche (auditiv: Geräusche, Klänge, etc.) Schaukelspiele, Bewegungsgeschichten mit Themen, die die Kinder beschäftigen (Bilderbücher als Grundlage für die Spielidee, Themen wie z.B. Tiere, etc.) [14]

2.2.2.3 Abschließende Bemerkung

Da sich die Lebensbedingungen der Kinder in den letzten Jahrzehnten stark verändert haben, wird es für die motorische und sprachliche Entwicklung immer wichtiger, den Kindern von Beginn an im Alltag Erfahrungen mit allen Sinnen zu ermöglichen. In diesem Zusammenhang sei noch kurz eine Anmerkung zur Mediennutzung durch Kinder gegeben. Der Konsum von Medien (Fernseher, Computer, CD-Player, etc.) beschränkt schon früh auf den überwiegenden Gebrauch des visuellen und auditiven Systems. Erfahrungen mit dem ganzen Körper sind beim Fernsehen und Computerspielen nicht möglich. Auch fehlt hierbei eine Bezugsperson, die den Kindern im Dialog zur Verfügung steht, in einem kindgemäßen Tempo Anregungen gibt und aufkommende Fragen beantwortet. Eine sinnvolle motorische und sprachliche Entwicklung braucht die Auseinandersetzung mit dem gesamten Körper in der Bewegung schon von Geburt an!

2.2.3 Ziele der Sprachförderung durch pädagogische Angebote

Sprachförderung im Elementarbereich setzt früh an. Zunächst geht es darum, den Wortschatz der Kinder zu erweitern und Sprechfreude zu vermitteln. Ein dreijähriges Kind verfügt durchschnittlich über einen aktiven Wortschatz von etwa 300 - 500 Wörtern, ein sechsjähriger Schulanfänger hat schon rund 5000 Wörter im Repertoire. Der passive Wortschatz ist natürlich weit größer.[15]

Aber gerade jüngere Kinder sind oft noch schüchtern und trauen sich nicht, sich zu äußern. An diesem Punkt setzt Sprachförderung im Kindergarten oft an. Das konnte ich sehr gut beobachten, im Praktikum. Es geht darum, den Wert von Sprache zu vermitteln und Kinder anhand von geeigneten Medien und Materialien zum Sprechen anzuregen. Darüber hinaus gibt es natürlich noch weitere Ziele, z.B. die Verbesserung der Lautsprache, den Ausbau grammatikalischer Fähigkeiten, die Optimierung des Sprachverständnisses, also beispielsweise der Fähigkeit, die Vermittlung von Rhythmus und Taktgefühl und damit der Bedeutung von Sprachmelodie und Lautbildung, Gehörtes wiederzugeben, Fragen zu Geschichten zu beantworten, Stellung zu einem Thema zu nehmen, Reime und Lieder auswendig wiederzugeben usw.

---

[14] Vgl.: Dr. Tanya Byron: Unser Kleinkind Monat für Monat; Dorling Kindersley Verlag GmbH, München, 2009, S.246 ff.
[15] Heuschkel, Sonja: Die ungestörte Sprachentwicklung, Logopädie im Team GmbH, 2012 In: *http://www.logopaedieimteam.de/index.php?id=21* Stand: 04.02.2018, 13:23 Uhr

Besonders wichtig finde ich den kommunikativ-sozialen Aspekt der Sprache, dem Kind richtig zu vermitteln. Wie drücke ich meine Bedürfnisse richtig aus? Wie rede ich mit anderen? Wie reagiere ich verbal, wenn es zu Konflikten kommt?

Davon abgesehen gibt es noch zahlreiche weitere Ziele, die indirekt ebenfalls dazu beitragen, dass sich die Sprach- und Ausdrucksfähigkeit altersgerecht entwickelt, wie die Förderung der Konzentration, der Feinmotorik, der sozial-emotionalen Kompetenz, der Frustrationstoleranz usw. Die Sprachförderung im Kindergarten sollte daher immer im Kontext der allgemeinen pädagogischen Zielsetzung gesehen werden, jedes Kind in seiner Entwicklung zu begleiten, seine Persönlichkeit zu stärken und ihn zu helfen, wichtige Kompetenzen zu entwickeln die es braucht, um später ein zufriedenes, selbstbestimmtes Leben innerhalb unsere Gesellschaft zu führen.

2.2.4 Aufgaben und Anforderungen an das pädagogische Fachpersonal

Eine zentrale Voraussetzung für die bewusste alltagsintegrierte Sprachbildung und gezielte Sprachförderung in der Kita ist die Sprachbildungskompetenz der Pädagogen. Wie erreichen wir unsere Ziele? Wie muss ich sein? Was muss ich machen? Das sind zentrale Fragen, über die sich die Erzieher*Innen immer wieder austauschen sollten. Regelmäßige Fortbildungen und Kollegialer Austausch erweitern die Kompetenzen und reflektieren die Arbeit. Jede Erzieher*In ist ein Sprachvorbild, authentisch in Wort, Mimik, Gestik, kreativ und aufgeschlossen. Pädagogen sollte ein Bewusstsein darüber haben, wie Kommunikation mit Kindern geführt wird, also Fachwissen vermitteln erwerben. Erzieher*Innen müssen aber auch geduldig sein. Kinder brauchen ein Bewusstsein darüber, dass sie mit der Sprache etwas erreichen können, indem sie es bei den Erwachsenen sehen und selber erleben können, ebenso brauchen sie Fantasie und Freude an der Sprache, ins besonders an Sprachspielen.

Wichtig ist es zudem im Alltag, so oft wie möglich und besonders zur Sprachförderung, ein bestimmtes Setting zu gestalten das unter anderem zum Sprechen anregen soll. Eine geringe Lautstärke in der Gruppe, eine ruhige Situation in der Kleingruppenarbeit fördern den Spracherwerb und unterstützen die Sprachentwicklung.[16]

Die sozialpädagogische Fachkraft muss die Kinder gut kennen, ihre Stärken und Schwächen, ihre Eigenarten, ihre Lebenssituation etc., um allgemeine pädagogische Ziele zu konkretisieren und Methoden, Angebote und Aktivitäten auf die unterschiedlichen Bedürfnisse abzustimmen. Um eine effektive Sprachförderung leisten zu können, muss sie wissen, wo das Kind gerade steht. Und dies betrifft in einem ganzheitlichen Verständnis nicht nur das Wissen über seine Sprachkenntnisse und seine Sprechfreude, sondern seine Gesamtbefindlichkeit. Dies erfordert

---

[16] Arbeitsblatt, vom BIfF Berliner Institut für Frühpädagogik, Material für die Arbeit mit null- bis sechsjährigen Kindern im Kitaalltag, 2.2 Sprachentwicklungsförderliches Verhalten (Maria Eichhorn)

eine kontinuierliche Beobachtung von Spiel- und Alltagssituationen der Kinder und eine regelmäßige Dokumentation der Beobachtungsdaten.

Die Planung, Durchführung und Auswertung von Bildungs- und Beschäftigungsangeboten sind zentrale Aufgaben in der Betreuung von Kindern und Jugendlichen. Die Angebotsplanung sollte dabei immer auf der Grundlage einer wertschätzenden Haltung gegenüber dem einzelnen Menschen erfolgen.[17]

Zunächst sollte der Sprachentwicklungsstand der teilnehmenden Kinder konkret erfasst werden und bei Förderbedarf ist die eigene Angebotsplanung anzupassen und zu berücksichtigen. Ich befasse mich im Rahmen der Facharbeit mit den Möglichkeiten einer spielerischen experimentellen Förderung der Sprachentwicklung durch praktische Anwendung unterschiedlicher pädagogischer Methoden, in der folgenden Darstellung als „Praktische Umsetzung" bezeichnet.

2.2.5 Fazit

Die Sprachentwicklung des Kindes und die dabei benötigte Unterstützung durch die jeweiligen Bezugs- und Kontaktpersonen, wird meiner Meinung nach besonders gut anschaulich und einprägsam am Modell des Sprachbaums nach Wolfgang Wendtland dargestellt. Dem Kind zuhören, es aussprechen lassen und es dabei anschauen, sich für Erzähltes interessieren, das Kind nicht wegen Fehler unterbrechen, selbst Freude am Sprechen zeigen - all das ist dienlich für die Vervollkommnung der kommunikativen Fähigkeiten. So bekommt das Kind eine gewisse Selbstsicherheit zu experimentieren, sprachlich etwas auszuprobieren, Fehler machen und daraus lernen zu können. Liebe, Akzeptanz und Achtung vor der Leistung des Kindes, ist also wichtig für eine gute sprachliche Entwicklung des Kindes. Allerdings kann zu viel davon auch schaden. Einem Kind, dem alle Worte in den Mund gelegt oder bereits von den Augen abgelesen werden, fehlt die Motivation zum Selber-Sprechen. So wie kein Baum dem anderen gleicht, so gleicht auch kein Kind in seiner Sprachentwicklung einem anderen Kind. Zusammenfassend bleibt festzuhalten, dass Eltern und pädagogische Fachkräfte in den elementarpädagogischen Einrichtungen den Sprachlernprozess ihrer Kinder durch Zuhören und Zustimmung, durch Liebe und Offenheit unterstützen und dem Sprachbaum oder den Sprachbäumen ihrer Kinder zu kräftigen, starken Wurzeln, zu einem festen Stamm und einer vollen Krone verhelfen können. Dazu ist es wichtig, die Kinder im jeweiligen Lebensumfeld, mit den jeweiligen (sprachlichen) Voraussetzungen zu sehen und ihnen genau die Unterstützung zu geben, der sie in ihrer derzeitigen Situation bedürfen. Außerdem ist es ein Grundbedürfnis des Kindes, Sprache zu verstehen und

---

[17] Vgl. Daniela Dietrich, C. F. (2014). Sozialpädagogische Bildungsarbeit professionell gestalten (Bd. 2). (R. J. Silvia Gartinger, Hrsg.) Berlin: Cornelsen Schulverlag GmbH.S.47 ff.

anzuwenden, ebenso wie sich zu bewegen, zu spielen, zu lernen und sich weiter zu entwickeln. Denn nur wer Sprache beherrscht, ist in der Lage Wünsche, Bedürfnisse, Fantasien, Erlebnisse, Gedanken, Ängste, Meinungen usw. in Worte zu fassen und einer anderen Person mitzuteilen. Daran erkennen wir auch, wie eng der Zusammenhang zwischen der sprachlichen Entwicklung und der Gefühlswelt eines Kindes ist.

3. Praktische Umsetzung

3.1 Bedingungsanalyse

3.1.1 Vorstellung der Gruppe

Die Kinder aus der Pandabären Gruppe sind sehr munter, rennen, laufen oder springen umher. Sie klettern wenn möglich überall hinauf, um einen begehrten Gegenstand zu erreichen, sie können einfache Regelspiele mitmachen, spielen mit Puppen und Teddys. Sie ahmen gewisse Alltagssituationen nach (So-tun-als-ob-Spiel), wie z.B. das Windeln wechseln, das Anziehen und Ausziehen einer Puppe oder den Tisch abzuwischen.

Das Sprechen, vor allem der Satzbau wird komplexer und korrekter. In der Sprachfähigkeit der Kinder aus meiner Gruppe, lässt sich eine rasante Entwicklung feststellen. Sie sprechen problemlos Sätze, die aus vier oder fünf Worten bestehen. In der Kombination von Sprechen und Verstehen gelingt es der Mehrheit, nach wie vor fragen die Kinder viel und erwerben so viele weitere Wörter. Es kann nun die meisten Laute korrekt artikulieren und sein Satzbau wird immer komplexer. Die meisten Kinder können jetzt zwei oder mehr Farben zuordnen und benennen. Sie verwenden Artikel, wie „der", „die", „das" und kombinieren Normen und Verben. Fast alle nennen den eigenen Namen und das Alter und die Hälfte der Kinder verwenden, Pronomen, wie „ich", „mich" und „du". Alle Kinder sind entsprechend der Grenzsteine altersentsprechend entwickelt. Sie verfügen über einen umfangreichen Wortschatz. Grammatikalisch schleichen sich mitunter noch kleine Fehler ein. Sie kommunizieren aktiv ihre Wünsche und Bedürfnisse. Sie zeigen im Spiel und im Umgang miteinander soziale Kompetenz auch jüngeren Kindern gegenüber. Sie spielen meist mit Kindern ihrer Altersgruppe, lassen sich aber auch im Garten, in Spiele der fünfjährigen Kinder einbinden. Wenn sie ein Spiel nicht mitmachen wollen, sagen sie das offen. Allen Kindern bietet das Angebot im Rahmen ihrer Freude am Neuen, die Förderung der Grob- und Feinmotorischen Fähigkeiten aber auch der Bildungsbereich soziales Leben und Erweiterung der kognitiven Fähigkeiten weitere Möglichkeiten.[18]

---

[18] Vgl. Daniela Dietrich, C. F. (2014). Sozialpädagogische Bildungsarbeit professionell gestalten (Bd. 2). (R. J. Silvia Gartinger, Hrsg.) Berlin: Cornelsen Schulverlag GmbH.S.97-98

Immer auf der Suche nach neuen Herausforderungen gehen sie jeden Tag auf Entdeckertour.

3.1.2 Eigene Bedingungen

Meine Stärke ist meine sehr offene liebevolle Art die ich Kindern entgegen bringe. Sehe ich ein Kind, zaubert sich ein Lächeln auf meinen Mund. Es ging ziemlich schnell, dass ich das Vertrauen erlangt habe und die Kinder mich akzeptierten. Sie suchen nun den Bezug zu mir und fühlen sich wohl und sicher in meiner Nähe. Mir fällt es leicht auf die Kinder, Eltern und Erzieher zu zugehen und mich in neue Situationen zu integrieren. Mein Engagement neue Dinge zu entdecken, auszuprobieren, kennenzulernen motiviert mich sehr etwas Neues zu tun. Vor allem möchte ich viel lernen, Erfahrungen sammeln und an mir selbst reifen. Ich reflektiere mein Tun und hinterfrage mich und andere. Eine hohe soziale Verantwortung und Fürsorge bringe ich ohne Mühe mit. Andere ausreden lassen und zuzuhören, meine eigene Meinung zu vertreten, fällt mir nicht schwer. In Zukunft kann ich auf meine Kreativität, meinen Einfallsreichtum und mein großes Interesse in Bezug auf die Kinder aufbauen. Es gab einige Situationen wo ein Kind sehr trotzig war und ich nicht wusste wie ich darauf reagieren soll. Dies hinterfragte ich und beobachte das Handeln der Erzieher in ähnlichen Situationen um für mich zukünftig Handlungsweisen abzuleiten. Immer wieder stoße ich an meine Grenze bei der zeitlichen Organisation schriftlicher Ausarbeitungen, durch meine berufliche Situation stehe ich häufig unter Zeitdruck und habe Ängste, dass ich nicht alles schaffen werde. Mein persönliches Ziel ist es Aktivitäten Schritt für Schritt zu planen und umzusetzen. In der bisherigen Ausbildungzeit konnte ich mir die Fachkompetenzen, die für das Angebot erforderlich sind erwerben, erweitern und vertiefen. Dazu gehört unter anderem anwendbares Wissen zum Thema Wahrnehmung und Beobachtung, Entwicklung, verschiedene Bildungsbereiche, Formen des Spiels, Didaktik und Methodik.

3.1.3 Bedingungen der Einrichtung

➢ räumliche und materielle Bedingung in Bezug auf das geplante Vorhaben

In dem Gruppenraum der Pandabären ist ein leichter Nestcharakter vorhanden, da im Nebenraum die jüngsten Kinder sind, die sich erst an den Alltag in der Einrichtung gewöhnen müssen. Hier gibt es nach der erfolgreichen Eingewöhnung schon die Möglichkeiten, die Türen zu öffnen, um das Spiel zu intensivieren und den Kindern den Umgang mit verschiedenen Bezugspersonen und älteren Kindern zu ermöglichen. So lernen sie bereits jetzt schon, sich in einer neuen Umgebung zu bewegen, jemanden um Hilfe zu bitte, der ihnen noch nicht so vertraut ist. Sie lernen Spielmaterial nach ihren Interessen auszuwählen. Die sehr hohen Räume wurden genutzt, um eine zweite Ebene zu schaffen. So steht den Kindern zusätzlicher Platz zur Verfügung, der zu einem intensiveren und entspannten Spiel beiträgt. Die verschiedenen Aufstiegsmöglichkeiten in den Räumen und im Garten fördern zudem die motorischen Kompetenzen der Kinder.

Jeder Raum in dieser Einrichtung ist individuell eingerichtet und hat eine bestimmte Funktion, die den Kindern ein selbstentdeckendes Lernen möglich macht. Die Ziele der pädagogischen Arbeit sind hier darauf ausgerichtet, Raum für die individuelle Persönlichkeitsentwicklung von Mädchen und Jungen zu schaffen. Durch ein vielfältiges Angebot an Spielmaterialien, Materialien zum künstlerischen Gestalten, Bewegungsgeräten und Musikinstrumenten sowie eine bedürfnisorientierte Gestaltung der Räume und des Tagesablaufes werden den Kindern vielfältige Bildungsmöglichkeiten eröffnet. Nach Absprache mit meiner Praxisanleiterin, werde ich mein pädagogisches Angebot in unserem Gruppenraum der Pandabären am Tisch durchführen.

> zeitliche Bedingung und Möglichkeit

Mein pädagogisches Angebot werde ich am 15 Februar 2018 um 10:00 Uhr im Kitabereich im Gruppenraum der Pandabären, in der 1 Etage umsetzen. Hier fühlen sich die Kinder aus meiner Gruppe wohl, geborgen und sicher und haben die Möglichkeit sich zurückzuziehen.

Um einen guten Einstieg zu meinem experimentellen Angebot „Hurra, hurra der eiskalte Zauber ist da" zu erlangen, bat ich meine Kollegen*Innen, einen Teil des Morgenkreises anzuleiten.

⇨ *sonstige Möglichkeiten oder Einschränkungen*

Ich habe leichte Bedenken, dass die Kinder am Tag meines pädagogischen Angebotes sich vielleicht nicht sicher oder wohl fühlen und sich dadurch anderes verhalten. In den letzten Wochen viele Kinder krank geworden und von einen auf den anderen Tag nicht in den Kindergarten gekommen, darüber mach ich mir ebenfalls Gedanken.

Auch die Gefühlslage und die Stimmung der Kinder am Tag des Angebotes sind entscheidend für die Umsetzung und Akzeptanz. Wird ein Kind krank und fühlt sich unwohl ist das Angebot nicht geeignet. Da ganz neue Erfahrungen und Eindrücke auf das Kind wirken und es so vielleicht überfordern könnte.

⇨ *Worauf ist zu achten*

Die Experimente finden in einem separaten mit Tischen und Stühlen ausgestatteten Raum statt. Die Anzahl der Teilnehmer/innen ist je nach Raumgröße, Gruppendynamik sowie Aufsicht variabel. Alle Kinder sollten mitarbeiten können. Die Materialien sollten vorbereitet werden, alles Weitere wird mit den Kindern gemeinsam durchgeführt.

⇨ *Besonderheit*

Der Aggregatzustand „gasförmig" bedeutet kochend heißes Wasser! Da mir das zu unsicher war, habe ich mit stattdessen für warmes statt kochendes Wasser eingesetzt. Das Forschungsergebnis ist aus diesem Grund eingeschränkter.

3.2 Ausgangssituationen

Konfuzius stellte fest:

„Sage es mir – Ich werde vergessen!"

„Erkläre es mir – Ich werde mich erinnern!"

„Lass es mich selber tun – Ich werde verstehen!"

Durch Konfuzius inspiriert entschied ich mich für eine offene Planung meines Angebotes. Hier berücksichtige ich die Fähigkeiten der Kinder und deren Motivation. Durch Beobachtungen stellte ich fest, dass bestimmte Kinder aus der Pandabären Gruppe, das Spiel mit dem Wasser lieben, so kommt es hin und wieder vor, dass das Badezimmer unter Wasser steht. Andere Kinder beobachtete ich, wie sie freudig durch Pfützen liefen, rannten und sprangen oder mit ihren Händen am Boden mit Wasser planschten. Etwas ältere Kinder hatte sichtbar große Freude, am durchfahren der Pützen, mit ihren Fahrzeugen. Vor einiger Zeit habe ich gesehen, dass die Kinder im Garten mit Steinen, Stöckern oder einem Spielzeug, auf den noch verbliebenden Rest der Pütze warfen, um die darauf liegende dünne Eisschicht zu erforschen. Ein paar Kinder aus einer anderen Gruppe fanden Eiszapfen und präsentierten diese voller Stolz ihren Erzieher*innen.

Ich stelle fest, dass viele Warum-Fragen der Kinder sich auf naturwissenschaftliche und technische Phänomene beziehen. Der Neugier der Kinder möchte ich nachgehen, ihren Forscherdrang unterstützen und ihnen helfen, tiefer in die Dinge und Erscheinungen einzudringen und dabei den Spracherwerb zu fördern.

Einen bestimmten Ablauf werde ich nicht direkt befolgen, sondern eher Impulse geben und beobachten und mit ihnen experimentieren. Ich werde eine Situation schaffen wo die Kinder sich ausprobieren und entscheiden können nach ihren Interessen, so fühlen sie sich bei ihren Lernerfolgen mitverantwortlich. Nicht das Ziel steht hier im Mittelpunkt sondern der gemeinsame Weg, daher agiere ich als mit Lernende. Die wichtigsten Ausdrucks- und Lernformen des Kindes sind nämlich das Spiel. Spielen steht in vielfältiger Art im Mittelpunkt des alltäglichen Geschehens. Das ist die Form der kindlichen Tätigkeit, die für die Entwicklung des Kindes von entscheidender Bedeutung ist; denn das Spiel ist die Grundlage der Erweiterung und Differenzierung der kindlichen geistigen, körperlichen, sozialen und emotionalen Fähigkeiten. Im Spiel erschafft sich das Kind sein Wissen von der Welt. In der Aktivität, dem spielerischen Umgehen mit den Materialien, Mitmenschen und Ereignissen der Umwelt lernt es, die Welt und deren komplexe

Zusammenhänge zu verstehen. Zugleich macht sich das Kind, indem es spielerisch aktiv ist – wahrnimmt, sich bewegt und handelt – ein Bild von sich selbst und den eigenen Handlungsmöglichkeiten. Dadurch erwirbt das Kind Fähigkeiten, die Grundlagen zur Lebensbewältigung und speziell auch für schulisches Lernen sind. Dabei stellt das Spiel keine Alternative zum Lernen dar, sondern ist eine Möglichkeit des Lernens.

Die wichtigste Voraussetzung für selbstbestimmtes, phantasievolles, bewegungsaktives Spiel sind Freiheit und Zeit, die ungestört und intensiv genutzt werden können. Über seine Wahrnehmung, seine Bewegungen und die Sprache nimmt das Kind Kontakt zur Welt auf. Zunächst nehmen die Kleinen ihren eigenen Körper wahr, dann erst folgt die Wahrnehmung der Objekte und Personen in seiner Umwelt. Um diese zu erschließen, muss das Kind sich bewegen. Seine Sinneserfahrungen und Bewegungen sind Voraussetzungen für all seine Lebensäußerungen. Sie lösen Gefühle aus, die wiederum neue Bewegungsimpulse hervorrufen. So lernt das Kind, indem es seine Wahrnehmung bewertet und seine Handlungen ständig wiederholt. Daher werde ich in meinem pädagogischen Angebot die didaktischen Prinzipien der Veranschaulichung, der Selbsttätigkeit, der Individualisierung, der Mitbestimmung, der Lebensnähe und der Freiwilligkeit berücksichtigen.

3.3 Zielsetzung

Leitziel: Die Kinder werden auf kindgerechte, ganzheitliche Weise durch selbstständiges Handeln, im freien Umgang mit dem Material und anderen Kindern, spielerische Sinneserfahrungen

(visuelle, auditive, olfaktorische, taktile) erleben und sie werden gezielt beim Spracherwerb unterstützt.

Mittlerziel: Die Kinder entwickeln ein positives Selbstkonzept in Verbindung von Wahrnehmung, Bewegung und Sprache

Handlungsziele:

- o Die Kinder lernen sich und ihren Körper wahrzunehmen, zu erleben, zu verstehen und mit ihm umzugehen.
  = *Ich-Kompetenz*

o Die Kinder lernen die gegebene materielle Umwelt wahrzunehmen, Informationen über sich zu erleben, zu verstehen, zu verarbeiten und in ihr und mit ihr umzugehen.

= *Sachkompetenz*

o Die Kinder lernen ihre soziale Umwelt wahrzunehmen, sie zu erleben, zu verstehen und in ihr und mit ihr umzugehen.

= *Sozialkompetenz*

o Als umfassende Fähigkeit zu handeln ist das Ergebnis der Fähigkeiten, mit sich, der materiellen und sozialen Umwelt umzugehen.

= *Handlungskompetenz*

o Die Kinder beteiligen sich aktiv und interessieren sich am Geschehen.

= *Ich-Kompetenz/Sozialkompetenz*

o Die Kinder lachen und spielen gemeinsamen.

= *Ich-Kompetenz/Sozialkompetenz*

o Die Kinder experimentieren und probieren mehre Methoden aus.

= *Sachkompetenz*

o Die Kinder erweitern ihren Sprachschatz und verbessern ihre Ausdrucksfähigkeit

= *Sprachkompetenz*

3.3.1 Zielkontrolle

Die konkreten Handlungsziele sind erreicht:

Wenn die Kinder......

o eigene Bedürfnisse, Interessen und Gefühle ausdrücken
o Kontakt zu anderen herstellen und erhalten
o sich untereinander verständigen: aufmerksam zuhören und auf das Gehörte mit Kommentaren, Handlungen und Fragen reagieren
o sprachliche Äußerungen wahrnehmen, verstehen und wiedergeben
o Zusammenarbeiten und eigenes Wissen weitergeben

- o neugierig sind und sich ein oder mehreren Eisstücken zuwenden
- o ein Stück Eis in die Hand nehmen und darüber sprechen
- o Fragen stellen
- o Farben nennen
- o beobachten oder sich zurückziehen und alleine etwas ausprobieren
- o Ereignisse nacherzählen und/oder selbsterfundene Geschichten erzählen
- o wenn sie mit mir oder anderen Kindern agieren und oder etwas nachahmen
- o wenn sie miteinander spielen

4. Thema / Inhalte

Thema: Hurra, hurra der Eiskalter Zauber ist da

4.1 Beschreibung der Inhalte

Alter/Entwicklungsstand: 3- 4 Jahr
Mitspieler: Kleingruppe/ Gruppe
Material: siehe Materialliste

Entdecke die Vielfalt von Wasser. Das von mir entwickelte pädagogische Angebot beinhaltet verschiedene naturwissenschaftliche Experimente mit Wasser, die für Kindergartenkinder im Alter von 3 - 4 Jahren geeignet sind. Ich möchte den Forschergeist und die Experimentierlust des Kindes anregen und durch Sprechanlässe die Sprachentwicklung unterstützen und ihren Wortschatz erweitern.

Im Morgenkreis rede ich mit den Kindern über den Jahreszeitenzyklus, dabei thematisiere ich besonders die kalten Temperaturen, um auf mein Angebot mit den Eiswürfeln Bezug nehmen zu können. Ich wecke das Interesse der Kinder, indem ich einen kleinen Gefrierbeutel im Kreis rumgeben lassen, wo sie hineinfassen sollen und beschreiben was sie fühlen. Dann erzähle ich den Kindern, dass ich für sie tolle Experimente mit Eis und Wasser im Gruppenraum der Pandabären vorbereit habe. Alle Materialien stehen griffbereit für die Kinder auf dem Tisch.

Mein pädagogisches Angebot ist ein offenes, teilangeleitetes Angebot. Dabei berücksichtige ich die didaktischen Prinzipien der Veranschaulichung, der Selbsttätigkeit, der Individualisierung, der Mitbestimmung, der Lebensnähe und der Freiwilligkeit.

Ich lasse die Kinder aktiv, freiwillig und selbstbestimmt, zweckfrei, lustbetont und fantasiebegleitet die Vielfältigkeit der Naturwissenschaftlichen Experimente entdecken und gebe

Impulse und Anregungen in dem ich mitforsche und diverse Dinge selbst mit dem Eis mache. Mein Angebot begleite ich natürlich sprachlich.

Die vorrangige Verwendung von alltäglichen Haushaltsmaterialien in meinem Angebot erleichtert den Kindern, einen Alltagsbezug herzustellen. Dadurch wird das Verständnis des Experiments gefördert und die Kinder können den Versuch so mit ihren Eltern zu Hause wiederholen.

Kinder Phänomene aus ihrem Alltag bereits kennen oder nach der Durchführung eines Experiments wiederfinden, fördert dies den Transfer von Wissen [19]

Welche Beobachtungen und Forschungen sind möglich?

Die Kinder habe in meinem Angebot die Möglichkeit ein Bild mit farbigen Eiswürfeln zu malen und dabei die Farbvermischungen der schmitzenden Würfel zu beobachten.

Sie können erforschen, in welcher mit Wasser gefüllten Schüssel, dass Eis als erstes verschwunden ist und/oder am längsten Bestand hat. Die Kinder können Saftwürfel probieren. In einem Glas vollgefüllt mit Eiswürfeln ist zu erforschen, ob das Wasser überläuft, wenn das Eis geschmolzen ist. Sie können beobachten, wie ein Dinosaurier Stück für Stück aus einem Eisblock befreit wird oder sie beschleunigen dies durch ihren eigenen Forschergeist. Die Kinder können bei diesen Experimenten mit Wasser die Aggregatzustände wahrnehmen und entdecken und den unterschiedlichen Temperaturen von Wasser. Weitere interessante Forschungsansätze bringe ich situativ ins Geschehen mit ein.

4.2 Chronologischer Ablauf

⇨ Angebotsvorbereitung, Material Platzierung

⇨ Im Morgenkreis werden die Kinder von mir an das Thema heranführen (Einleitung)

⇨ Ich hole das Eis aus dem Gefrierschrank und positioniere diese nach meinen Überlegungen

⇨ Ich öffne die Tür zum Gruppenraum der Pandabären, wo ich mein offenes Angebot in der Form von Experimenten den Kinder anbiete

⇨ Die Entdeckungsreise kann beginnen

⇨ Verbal begleite ich Bewegungen, Handlungen, Beobachtungen und berichte den Kindern was mit dem Eis passiert

⇨ Durch Anregungen und Impulse bestärke ich die Kinder (wenn Spielideen fehlen)

⇨ Ich stelle Aufgaben aus einer Situation heraus (z.B. in welcher Schale schmilzt der Eiswürfel wohl am schnellsten?) und gebe dem Kind eine positive Rückmeldung

⇨ Das Zusatzmaterial hole ich dazu und stelle es mit auf den Tisch

---

[19] Vgl. Lück Gisela: Handbuch der naturwissenschaftlichen Bildung, Verlag Herder; 2. Auflage 2009

⇨ Ich setze mich dazu beobachte und experimentiere wieder mit ihnen und dem Eis und stelle gezielte Fragen zu ihren Beobachtungen

⇨ Aufräumzeit ich wische die nassen Stellen trocken und räume alles zusammen

⇨ Dann fragte ich die Kinder, welches Experiment sie zum Staunen gebracht hatte(Schluss)

4.3 Begründung

Mein Ziel ist es, durch das von mir entwickelte pädagogische Angebot, den Spracherwerb der Kinder gezielt zu unterstützen und die kommunikativen Kompetenzen zu fördern. Dabei lege ich mein Hauptaugenmerk auf die Festigung der semantischen Spracherwerbsebene. In diesem ko-konstruktiven Bildungsprozess möchte ich den Wortschatzerwerb der Kinder fördern. Der Wortschatzerwerb ist an bestimmten Entwicklungsvoraussetzungen gebunden, das sind Fähigkeiten wie z.B. die Wahrnehmung, Informationsverarbeitung und das Gedächtnis, das Denken und Lernen verstehen und das Planen und Lösen von Problemen zu lernen.[20]

Dazu ist die Haupttätigkeit des Kindes ist das Spiel. Hier setzt sich das Kind mit seiner Umwelt auseinander. Es experimentiert mit verschiedenen Materialien, prüft physikalische Gesetzmäßigkeiten, spielt im Rollenspiel erlebte Situationen nach und verarbeitet sie so und erweitert seine Sprach-, Selbstständigkeit- und Bewegungskompetenzen. Das Kind lernt spielerisch, die Welt zu begreifen.

Experimentierspiele entsprechen dem kindlichen Bedürfnis nach Aktivität und der kindlichen Neugierde. Dies beginnt relativ früh, kann aber erst mitgeteilt werden, wenn die sprachlichen Voraussetzungen dafür gegeben sind. Bei Spielen mit unterschiedlichen Materialien können sowohl naturwissenschaftliche Erfahrungen gemacht als auch physikalische Gesetzmäßigkeiten erkannt werden. Vorgänge gezielt zu beobachten und Zusammenhänge zu begreifen gelingt hier spielerisch.

Im Winter verändert Wasser die Natur. Wenn es draußen sehr kalt ist, wird Wasser plötzlich zu Eis, fällt Schnee vom Himmel und beim Ausatmen entsteht eine kleine Wolke. Das sind Beispiele für Naturphänomene, die insbesondere Kinder jedes Jahr aufs Neue faszinieren.

Dies beobachtete ich ebenfalls bei den Kindern aus der Pandabären Gruppe im Kindergarten. Aus diesem Grund entschied ich mich für ein ganzheitliches, pädagogisches, naturwissenschaftliches, experimentelles Angebot mit Wasser.

Mit allen Sinnen Erfahrungen sammeln, ausprobieren, üben, vergewissern, dass die gemachten Erfahrungen wiederholbar sind, sind die Grundlage allen Lernens und beginnen schon im

---

[20] Daniela Dietrich, C. F. (2014). Sozialpädagogische Bildungsarbeit professionell gestalten (Bd. 2). (R. J. Silvia Gartinger, Hrsg.) Berlin: Cornelsen Schulverlag GmbH.S.303

Babyalter. Wenn man Babys und Kleinkinder beobachtet, so werden hier Übung und Wiederholung als Spaß erlebt, anders als dann bei älteren Kindern oder gar den Erwachsenen. Mit Experimenten und Wiederholungen können vielfältige Erfahrungen gemacht werden. Die Sinneserfahrungen spielen dabei eine entscheidende Rolle: Wie fühlt sich etwas an, wie schmeckt es, wie hört es sich an, wie sieht es aus?

Sinneserfahrungen und die dabei empfundene Gefühle werden miteinander verknüpft, und so entsteht nach und nach ein "Wissen" über Dinge und Menschen. Dieses Wissen ist zunächst noch ganzheitlich. Nach und nach lernen Kinder dann, die einzelnen Sinneserfahrungen zu differenzieren und sprachlich mehr und mehr aufzugliedern.

Die Inhalte sind gut geeignet um spielerische Sinneserfahrungen zu erleben. Da ich die Sprache, Wahrnehmung und Bewegung und vor allem die Selbsttätigkeit des Kindes fördern möchte, schaffe ich Situationen die die Kinder zur Eigenaktivität auffordern, die sie herausfordern aber nicht überfordern. Das einfache aber vielfältige Material habe ich bewusst gewählt, dieses ist ungefährlich, aber sehr vielfältig bespielbar und interessant. Die Kreativität, Spiel und Spaß steht ganz oben in meinem Interesse. Nachahmende Handlungen, z.B. Beobachten, Anfassen, Ausprobieren, Weiterreichen, Kaputtmachen, Zittern, Schmecken, Stapeln und Pusten fördert auch die Grob- und Feinmotorik, Handlungssteuerung. Vieles erlernen Menschen alleine durch Nachahmung, auch in späteren Lebensaltern. Ich habe auf die Rahmenbedingungen des Spiels geachtet. Welche Art von Spiel und Spielpartner bewusst gewählt (Alter, Geschlecht, Konstitution, Gesundheit). Um die Zeit, Aufsicht, Begleitung und das es Störungsfrei ist, habe ich mich gekümmert und diese Punkte mit meiner Kollegin besprochen. Da ich seit Anfang an die Kinder beobachte, kenne ich ihre Vorlieben und habe nach ihren Interessen das Spielmaterial, den Raum und Platz ausgesucht.

5. Organisation

5.1 Theoretische und Praktische Vorbereitung

5.1.1 Materialliste

✓ 1 Beutel mit Eiswürfeln

✓ 3 große Glasschalen, eine mit warmem Wasser, eine mit lauwarmen und eine mit kaltem Wasser

✓ Ampel aus 1 grüner Kreis, 1 gelber Kreis, 1 roter Kreis aus Papier

✓ weißes Papier großem Format DIN A3

✓ großen flachen weißen Teller

✓ Eiswürfelbehälter

✓ Lebensmittel- oder Wasserfarben, Grün, Blau, Gelb, Rot,

✓ Einige große durchsichtige Behältnisse, wie Schüsseln oder Vasen, um das Wasser einzufärben.

✓ Eiswürfelform

✓ Kirschsaft

✓ Bananensaft

✓ Sieb

✓ Schale

✓ 5 Handtücher

✓ Großes Laken zum Unterlegen

✓ 2 Ofenbleche

✓ 4 Gläser

✓ 2 Kannen mit kalten Wasser

✓ Kelle

✓ Dinosaurier (handgroß)

✓ Behälter

5.1.2 Vorbereitung

1 Experimentvariation: Ein Tag bevor ich das Angebot anbiete befülle ich den Eiswürfelbeute mit Wasser und lege diesen ins Gefrierfach und stelle mir 3 Glasschalen in der Küche beiseite. Ich nehme mir ein grünes, gelbes und rotes Papier aus dem Schrank und schneide drei gleichgroße Kreise aus dem Papier die am Tag des Angebotes als Wärmeampel von der jeweiligen Schale liegt. Grüner Kreis = kaltes Wasser / Gelber Kreis = lauwarmes Wasser / Roter Kreis = warmes Wasser (nicht heiß)

2 Experimentiervariation: Am Vortag färben 3 Kinder mit mir in den Behältnissen Wasser (200 oder 300 ml je Farbe) in mehreren Farbtönen ein und gieße das Wasser dann in die vorbereiteten Eiswürfelbehälter, und friert diese ein. Einen großen Teller stelle ich mir zu den Glasschalen die ich zuvor rausgestellt habe.

3 Experimentvariation: Eine Seite der Eiswürfelform befülle ich mit Kirchsaft, die andere Hälfte mit Bananensaft und friere diese ein.

4 Experimentvariation: Aus einem anderen Gruppenraum hole ich einen handgroßen Dinosaurier und lege in eine Schüssel mit Wasser und stelle sie ins Gefrierfach.

Im Anschluss nehme ich mir ein Sieb, eine weitere Schale, 2 Ofenbleche, 5 Handtücher, ein großes Laken und ein großes weißes Blatt Papier und lege diese zu den anderen schon bereitgestellten Materialien.

Vorbereitung am Tag des Angebots

Während der Vorbereitung der Experimente lasse ich die Türen zu den anderen Gruppenräumen geschlossen. Als erstes räume ich die herumliegenden Spielsachen weg und rolle den am Boden liegenden Teppich rolle beiseite. Auf dem großen Tisch (bestehend aus drei Tischen) im Gruppenraum der Pandabären, stelle ich mein pädagogisches Angebot den Kindern vor. Damit ich mich auf die Teilnehmenden Kinder konzentrieren kann, habe ich eine Kollegin gebeten während des Angebotes mit im Raum zu sein und die nicht interessierten Kinder zu betreuen. Auf den linken Tisch lege ich das große weiße Blatt, den großen Teller und eine Schale mit den am Vortag eingefärbten Eiswürfeln. Auf dem Mittleren Tisch stelle ich die Schalen, mit den verschiedenen Wassertemperaturen und lege dazu die Wärmeampel passend der Temperatur aus. Ein Backblech mit viele kleinen Eiswürfeln und einem großen (in dem der Dinosaurier steckt ist) positioniere ich auf dem rechten Tisch. Daneben stelle ich einen Teller mit den gefrorenen Saftwürfeln. Alle weiteren Materialien setze ich situativ und nach Bedarf ein.

5.1.3 Zeitplan

09:00 - 09:15 Uhr	Raum aufräumen und Materialien bereitstellen
09:15 - 09:30 Uhr	Morgenkreis anleiten / an das Thema heranführen
09:30 - 09:40 Uhr	Eiswürfel-Varianten aus der Küche holen und positionieren
09:40 - 09:55 Uhr	Einführungsphase, Material präsentieren
09:55 - 10:25 Uhr	Hauptteil einbringen vom Zusatzmaterial
10:25 - 10:30 Uhr	Ausklang

5.2 Durchführung

5.2.1 Einführung / Aufwärmphase

Die Kinder sitzen im Morgenkreis. Zuerst rede ich mit den Kindern über den Jahreszeitenzyklus:

Welche Jahreszeiten gibt es?

Welche Jahreszeit haben wir momentan?

Was haben die einzelnen Jahreszeiten für Besonderheiten?

Ich thematisiere die kalten Temperaturen, um auf den Winter Bezug nehmen zu können. Mögliche Impulse für die Gesprächsrunde sind: Was zieht man bei den kalten Temperaturen an? Zu erwartende Antworten der Kinder sind: Mützen, Schals, Handschuhe etc.

Was findet ihr im Winter schön? Was kann man im Winter draußen machen und im Sommer nicht? War jemand schon einmal im Winterurlaub? Die Kinder können hierbei ihre Ideen und Assoziationen frei äußern. Anschließend gebe ich einen kleinen Gefrierbeutel mit dem Eiswürfel im Kreis herum. Die Kinder sollen hinein fassen und beschreiben was sie fühlen, dabei wird die taktile Wahrnehmung und die der gemeinsame Austausch angeregt.

Fragen wie: Was passiert, wenn man den Eiswürfel länger in der Hand hält? Wie fühlt sich der Eiswürfel an (hart oder weich, rutschig, kalt....etc.)? können als Anregungen für die Gesprächsrunde sein.

Im Vordergrund steht hier die Sinneswahrnehmung von Warm und Kalt & dem Aggregatzustand

5.2.2 Hauptteil / Aktivitätsphase

Um meine gewünschten Ziele zu erreichen habe ich mehrere Methoden in Betracht gezogen:
(die ich jedoch in keiner bestimmten Reihenfolge anwende, sondern im Experiment/Spiel als Impuls oder Anregungen zum Sprechen einbringe)

Die folgenden Kriterien für eine sprachentwicklungsförderliche Interaktions- und Kommunikationsverhalten berücksichtige ich bei meinem Angebot.

- ⇨ Gestaltung der Sprache, Mimik und Gestik
- ⇨ Entwicklungsförderliches Basisverhalten
- ⇨ Verwendung sprechentwicklungsförderlicher Dialogtechniken
- ⇨ Sprechanregungen und -anlässe

Kinder müssen alles anfassen. Das ist ihre natürliche Art, Dinge zu erforschen. In einer warmen Umgebung (Morgenkreis) ließ ich sie Eis/Eiswürfel in die Hand nehmen. Die Kinder möchten spüren, wie kalt Eis ist. Sie lutschten daran, lassen es aus der Hand gleiten, etc. Ein Handtuch als

Unterlage ist hier sehr praktisch und wurde bedacht in der Planung. Mit der Zeit stellen sie fest, dass das Eis schmilzt und zu Wasser wird. Eis braucht eine kalte Umgebungstemperatur, um nicht zu schmelzen. Nach der Wahrnehmung des Eiswürfels, erkläre ich den Kindern, dass ich nun ein paar Experimente für sie vorbereitet haben, was mit dem Eiswürfel alles passieren kann.

Welche Farben werden wohl entstehen wenn die farbigen Eiswürfel schmelzen?
Wer schafft es, aus Eiswürfeln einen hohen Turm zu bauen?
Wonach schmecken die gelben und der roten Eiswürfel?

Wer wird Schmelzmeister in der Gruppe? Wer ist der/die Frostigste der Gruppe? Bei wem schmilzt der Eiswürfel am langsamsten?

Auf los geht's los: Jeder nimmt einen Eiswürfel in die Hand und versucht, ihn in der Hand zu erwärmen, bis er völlig geschmolzen ist. Wer es als erster schafft, ist Schmelzmeister.

- Wenn man Eiswürfel mit der Hand umschließt, schmelzen sie besonders schnell, weil der Körper ja immer ca. 37 Grad warm ist.[21]

Ich gebe in ein Glas einen Eiswürfel und fülle es randvoll mit Wasser auf. Jetzt sehen die Kinder, wie das Eis schwimmt und dass dabei nur ein kleiner Teil des Eises aus dem Wasser herausragt. Das ist ein spannendes Experiment! So wie der Eiswürfel im Wasserglas schwimmt, so schwimmen im Meer die riesigen Eisberge. Die Seeleute können also nur die Spitze der Eisberge sehen, doch der größere Teil liegt unter Wasser. Das ist gefährlich, denn die Schiffe können auf dieses Eis auflaufen und an den harten Spitzen und Kanten des Eisberges zerbrechen.

Wenn passiert mit den Eiswürfeln im Wasser?

- Die Eiswürfel werden ständig kleiner. [22]

Welches Tier versteckt sich in dem großen Eisblock? Was könntest du tun, dass das Eis schneller schmilzt?

- Ein Dinosaurier ist in dem Eisblock eingefroren. Na braucht viel Wärme um ihn schneller schmelzen zulassen.

Wie sieht das Wasser aus, wenn alle Eiswürfel geschmolzen sind? Ist das Wasser jetzt kälter als vorher?

- Das Wasser ist ganz klar und kälter als zuvor.

---

[21] Vgl. Leitzgen, A. et.al.(2012): *Erforsche Deine Welt*. Verlag: Beltz & Gelberg
[22] Weinhold, A. (2004): *Wieso? Weshalb? Warum? Experimentieren und Entdecken – Mehr als 30 Experimente zu Luft und Wasser*. 13. Auflage. Verlag: Ravensburger Buchverlag

Was wird passieren, wenn die Eiswürfel schmelzen? In einen Glasbefinden befinden sich so viele Eiswürfel, sie ragen über den Glasrand hinaus

- Nach ca. einer Stunde sind die Eiswürfel geschmolzen und kein Tropfen ist übergelaufen. Wasser dehnt sich beim Gefrieren aus und braucht mehr Platz. Das heißt: Das Wasser in den Eiswürfeln „schrumpft" beim Schmelzen sogar zusammen.[23]

Was passiert mit dem Eiswürfel bei kaltem/ lauwarmen und warmen Wasser?

Schwimmen die Eiswürfel oben/ unten?

- Der Eiswürfel schwimmt auf der Wasseroberfläche, da Eis eine geringere *Dichte* als Wasser hat. Eis ist Wasser in fester Form. Ab einer Temperatur von 0°C schmilzt es und wird zu flüssigem Wasser. Der Aggregatzustand ändert sich also von fest zu flüssig. Der Teil des Eises, der sich unter Wasser befindet, verdrängt etwas Wasser (Daher steigt der Wasserspiegel an, wenn man den Eiswürfel in das Wasser gibt). Deshalb und da die *Dichte* des Wassers höher ist als die des Eises, kommt es im Gefäß nicht zu einer Volumenzunahme. Das Schmelzwasser ist kälter als das Wasser. Es hat somit eine höhere Dichte und sinkt nach unten.[24]

Wie kann man Wasser in einem Sieb tragen?

- Wasser in einem Sieb getragen werden, wenn das Wasser gefriert.

Einige Eiswürfelbehälter haben wir mit unterschiedlich gefärbtem Wasser gefüllt und ins Eisfach gestellt. Wenn man dann ein paar Stunden später nachsieht, sind daraus bunte Eiswürfel geworden. Es empfiehlt sich, die Eiswürfel mit Lebensmittelfarbe zu färben, da die bunten Eiswürfel doch sehr dazu verleiten, daran zu lecken

Wenn man diese nun auf einen großen weißen Teller legt, können die Kinder zusehen, wie die Eiswürfel schmelzen und wieder zu Wasser werden. Dabei verlaufen die Farben und mischen sich miteinander. Es kann lustig sein, wenn sich die Kinder um ein Papier herum platzieren und die Eiswürfel hin und her (von Kind zu Kind) pusten bzw. „flitzen" lassen

5.2.3 Abschluss / Ausklangphase

Zum Abschluss meines Angebotes mache ich eine kurze gemeinschaftliche Runde. Ich bedanke mich bei den Kindern und teil ihn mit wie viel Spaß mir die Experimente mit ihnen gemacht

---

[23] Vgl.Dennerle Astrid, Evers Nina, Kaupp Jeanette, 2003: Löwenzahn: Peter Lustigs Forschertipps: Erde und Wasser. SoliMedia Productions GmbH, Erfurt

[24] http://www.chemie.de/lexikon/Aggregatzustand.html, zuletzt aufgerufen am: 11.02.18

haben. Nun möchte ich die Bildungserfahrungen zusammentragen und frage z.B. Was habt ihr Neues gelernt? Was habt ihr erfahren?

Sofern genügend Zeit vorhanden ist, können abschließend noch Bilder zum Thema gemalt werden, die mit einem Bericht über den Versuch ins Portfolio geheftet werden.

6. Auswertung

6.1 Zusammenfassung und Bewertung der Ergebnisse

Die Begeisterung der Kinder war groß. Sie experimentieren, spielten, fragten und interagierten mit ein einander. Die Kinder haben folgende Erklärungen für die naturwissenschaftliche Phänomene im Hinblick auf die Aggregatzustände von Wasser genannt:

⇨ „Im Winter ist es kalt, im Winter friert man"

⇨ „Was kommt im Winter aus den Wolken?" – „Schnee"

⇨ „Warum kommt denn im Winter aus den Wolken Schnee?"

⇨ „Die Wolken kommen zusammen und es wird dunkel, wenn die Wolken kommen.

⇨ „Wir brauchen Handschuhe, damit die Hände nicht kalt sind und einem warm wird"

⇨ -„Der Eiswürfel ist geschmilzt"

⇨ „Der Eiswürfel ist nass und kalt"

⇨ „Wir machen Eiswürfel durch kaltes Wasser und kalte Luft"

⇨ „Der Eiswürfel wird in warmen und heißem Wasser kleiner und verschwindet"

⇨ „Der Eiswürfel im kalten Wasser ist an der Oberfläche, weil er leichter ist (als Wasser)"

⇨ „Wenn der Eiswürfel fest ist, kann man ihn im Sieb tragen"

Auch die Sprachwahrnehmung, sowie die das wiederholen von neuen Worten und weitertragen von Erfahrungen konnte ich beobachten. Hinsichtlich der von mir formulierten Ziele kann ich somit bestätigen, dass ich mit der Durchführung meines pädagogischen Angebots meine geplanten Zielstellungen erreichen konnte und somit meine in Punkt 1.2 formulierte Fragestellung „Wie kann ich als Erzieher die Sprachentwicklung von Kindern im Alter von 3 – 4 Jahren durch ein pädagogisches Angebot fördern?" positiv beantworten kann.

6.2 Reflexion der geleisteten Arbeit

Im Folgenden werde ich mich inhaltlich mit der inneren sowie der äußeren Sicht auf meine geleistete Arbeit beschäftigen. In Bezug auf die im Rahmenplan der Ausbildung zur Erzieherin aufgeführten Kompetenzbereiche[25] werde ich meine geleistete Arbeit möglichst objektiv

---

[25] Vgl.: Senatsverwaltung für Bildung, Wissenschaft und Forschung (Hrsg.): „Rahmenplan der Ausbildung zur Erzieherin"

reflektieren und einen Ausblick auf meine zukünftige Planung der Arbeit als gelernte Erzieherin und die weiterhin erstrebenswerten und immer wieder neu zu reflektierenden Handlungskompetenzen eines Erziehers geben. Die im Rahmenplan der Erzieherausbildung beschriebene Handlungskompetenz wird in die vier Bereiche Lern- und Methodenkompetenz, Sachkompetenz, Sozialkompetenz und Personalkompetenz differenziert. Eine Förderung hinsichtlich meiner Lern- und Methodenkompetenz habe ich bereits durch die Auswahl und die Definition meines Themas und die Entwicklung der dementsprechenden These erreicht. Auch durch die anschließende Recherche der Informationen und durch die Erschließung von Texten und anderer Informationsquellen bezüglich meines Themas habe ich gelernt wie ich kritisch, an meinen Erkenntnisinteressen und Fragestellungen orientiert, mit den gewonnen Informationen umzugehen habe und eigene Schlussfolgerungen ziehen kann. Zur Lern- und Methodenkompetenz gehört sich mündlich und schriftlich sachlich angemessen und verständlich mitteilen zu können. Durch das Formulieren und die generelle schriftliche Dokumentation und Verarbeitung der von mir gewonnen Informationen, konnte ich ebenfalls meine Lern- und Methodenkompetenz fördern. Zur Lern- und Methodenkompetenz gehört außerdem die Fähigkeit zur Arbeitsplanung und zum Umgang mit Zeit, also ein sachgerechtes Selbst- und Zeitmanagement. Dies konnte ich nicht nur während der Durchführung meines pädagogischen Angebots fördern, sondern auch während Erstellung meiner Facharbeit, konnte ich in diesem Bereich an Kompetenz gewinnen. Da ich schwer einen roten Faden in schriftlichen Arbeiten finde und immer etwas zu viel erarbeite, dabei nicht auf den Punkt komme ist das, das was ich in Zukunft besser planen würde. Die Fachkompetenz besteht nach dem Rahmenplan der Erzieherausbildung auf der Grundlage von fachlichem Wissen und fachlichen Fertigkeiten aus der Fähigkeit, berufliche Aufgaben zu reflektieren und selbstständig, sachgerecht und methodengeleitet zu bearbeiten und die Ergebnisse zu evaluieren. Bei der Erstellung des theoretischen Teils meiner Facharbeit habe ich erheblich an Fachwissen im Bereich der Sprachförderung gewinnen können. Durch das selbstständige Erarbeiten der benötigten Informationen und die anschließende Auswertung sowie die Reflexion meiner Facharbeit habe ich ebenfalls an Fachkompetenz gewonnen. Durch die genaue Definition meiner Ziele und die Ausarbeitung meiner methodisch-didaktischen Vorgehensweisen konnte ich meine Fachkompetenzen in diesem Bereich ebenfalls erweitern. Die Personal- und Sozialkompetenz zeigt sich nach dem Rahmenplan in der Befähigung und Bereitschaft, in beruflichen und in gesellschaftlichen Situationen reflektiert und selbstreflexiv verantwortungsvoll zu handeln und in

---

https://www.oszsoz.de/fileadmin/user_upload/Bildungsgaenge/rahmenplaene/Fachschule_Vollzeit_und_berufsbegleit ende_Ausbildung.pdf, Berlin 2009, S. 4 ff. 11.02.2018 19:40:00

der Zusammenarbeit mit anderen Interaktions- und Kommunikationsprozesse zu gestalten. Auch das Eingehen auf die individuellen Bedürfnisse und Ideen der Teilnehmer hatte eine maßgebliche Steigerung meiner Kompetenzen in diesem Bereich zufolge. Ich freue mich, dass ich im Rahmen der Erstellung dieser Facharbeit ein für mich völlig neues Interesse entwickeln konnte und werde mich sicherlich während meiner zukünftigen beruflichen Praxis mit diesem Thema beschäftigen. Als abschließende Erkenntnis, die ich im Rahmen meines dritten Praktikums und während der Erstellung dieser Facharbeit gewinnen konnte, kann ich definitiv meine angestrebte Arbeit mit Kindern nennen. Ich freue mich auf meine berufliche Zukunft als Erzieherin und bin ebenfalls bereit, mich den stetig verändernden beruflichen Aufgaben und Anforderungen institutions- und aufgabenbezogen anzupassen sowie fachlich fundiert und durchdacht gerecht zu werden.

Literaturverzeichnis

(kein Datum). Von http://www.chemie.de/lexikon/Aggregatzustand.html abgerufen

(Hrsg.), T. K. (2007). *Wikipedia.* (Kohlhammer, Herausgeber) Abgerufen am 9. Februar 2018 von https://de.wikipedia.org/wiki/Sprachf%C3%B6rderung

Byron, D. T. (2009). *Unser Kleinkind Monat für Monat.* München: Dorling Kindersley.

Daniela Dietrich, C. F. (2014). *Sozialpädagogische Bildungsarbeit professionell gestalten* (Bd. 2). (R. J. Silvia Gartinger, Hrsg.) Berlin: Cornelsen Schulverlag GmbH.

Dennerle Astrid, E. N. (2003). *Löwenzahn Peter Lustigs Forschertipps: Erde und Wasser.* Erfurt: SoliMedia Production GmbH.

Eichhorn, M. (17. Mai 2017). Sprache und Sprachförderung. *Sprachentwicklungsförderliches Verhalten.* Berlin: BIfF Berliner Institut für Frühpädagogik.

Gisela, L. (2009). *Handbuch der naturwissenschaftlichen Bildung* (2 Ausg.). Verlag Herder.

Haid, D. A. (kein Datum). *http://www.schule-der-vielfalt.at/wp-content/uploads/2016/10/Kindlicher-Spracherwerb.pdf.* (L. u. Linguistin, Hrsg.) Von Kindlicher Spracherwerb: http://www.schule-der-vielfalt.at/wp-content/uploads/2016/10/Kindlicher-Spracherwerb.pdf abgerufen

Heuschkel, S. (2012). *Logopädie im Team.* Abgerufen am 04. 02 2018 von http://www.logopaedieimteam.de/index.php?id=21

Hoffmann, C. (2008). *Theaterspielen mit Kindern und Juigendlichen* (4 Ausg.). Weinheim: Juventa Verlag.

Joseph, M. (2002). *Der neue Weg.* Wiesbaden: Ansbach.

könig, A. (2007). *Dialogisch-entwickelnde Interaktionsprozesse als Ausgangspunkt für die Bildungsarbeit im Kindergarten* (1 Ausg.). Bildungsforschung.

Leitzgen, A. e. (2012). *Erforsche Deine Welt.* Beltz & Gelberg.

Richter, E. (2001). *So lernen Kinder sprechen* (4 Ausg.). München: Reinhardt Verlag .

Röbe, E. (2005). *Sprachbildung im Elementar- und Primarbereich.* Dokumentation Deutscher Lehrertag.

Röbe, E. (kein Datum). *Was Hänschen nicht lernt, lernt Hans nimmermehr. Sprachbildung im Elementar- und Primarbereich.* (D. D. 2005., Hrsg.) Verband Bildung und Erziehung VBE. Berlin 2005.

Senatverwaltung für Bildung, J. u. (2014). *Berliner Bildungsprogramm für Kitas und Kindertagespflege.* Berlin: Verlag das Netz.

Weinhold, A. (. (2004). *Wieso? Weshalb? Warum? Experimentieren und Entdecken- Mehr als 30 Experimente zu Luft und Wasser.* (13 Ausg.). (R. Buchverlag, Hrsg.)

Wendlandt, W. (2016). *Sprachstörungen im Kindesalter Forum Logopädie* (7 Ausg.). (D. S. Lauer, Hrsg.) Thieme.

Internet

Verband Bildung und Erziehung VBE. Berlin 2005 „Handreichung_Pankau_Kindertheater.pdf", http://www.stories.unibremen.de/erzaehlen/spracherziehung.html   22.01.2018, 12:23:00

J. Merkel: Gebildete Kindheit. Wie die Selbstbildung von Kindern gefördert wird. Handbuch der Bildungsarbeit Theaterpädagogik im Elementarbereich. Bremen 2005 http://www.handbuch-kindheit.uni-bremen.de/kindheit.pdf   29.01.2018, 16:46:00

J.   Merkel: Merkels   Erzählkabinett,   http://www.stories.uni-bremen.de/erzaehlen/spracherziehung.html.   27.01.2018, 14:47:00

„Prinzipien   des   Gemeinsamen   Planungsmodells   Angebotsplanung", https://www.oszsoz.de/fileadmin/user_upload/Bildungsgaenge/fachschule_voll_praktika/Planun gsmodell_Nov_2014.pdf   24.01.2018, 16:56:00

Senatsverwaltung für Bildung, Wissenschaft und Forschung (Hrsg.): „Rahmenplan der Ausbildung zur   Erzieherin" https://www.oszsoz.de/fileadmin/user_upload/Bildungsgaenge/rahmenplaene/Fachschule_Vollz eit_und_berufsbegleitende_Ausbildung.pdf, Berlin 2009   25.01.2018, 15:12:00

Heuschkel, Sonja: Die ungestörte Sprachentwicklung, Logopädie im Team GmbH, 2012 In: http://www.logopaedieimteam.de/index.php?id=21 Stand: 04.02.2018, 13:23:00

https://www.oszsoz.de/fileadmin/user_upload/Bildungsgaenge/rahmenplaene/Fachschule_Vollz eit_und_berufsbegleitende_Ausbildung.pdf, Berlin 2009, S. 4 ff.   11.02.2018 19:40:00